NOTES

SERVICE DES CONTRIBUTIONS DIVERSES

NOTES

SUR

LE SERVICE

DES

CONTRIBUTIONS DIVERSES

ALGER

IMPRIMERIE DE L'ASSOCIATION OUVRIÈRE, P. FONTANA ET Ce

Angle des rues des Trois-Couleurs et de la Révolution.

1883

MM. les Directeurs des Contributions diverses ayant, à différentes reprises, exprimé le désir de voir introduire des réformes dans le fonctionnement de leur Service, M. Tirman, Gouverneur général de l'Algérie, a bien voulu, dans sa haute sollicitude pour un des Services financiers les plus importants de la Colonie, prescrire l'étude de cette question.

Un projet de réorganisation va être incessamment soumis, dans ce but, aux délibérations du Conseil de Gouvernement.

Il a paru opportun de ne pas laisser échapper semblable occasion de rappeler ce qu'a été, dans le passé, cette Régie financière, d'exposer les conditions actuelles de son fonctionnement, d'affirmer la nécessité de son maintien, enfin, de passer successivement en revue les quelques réformes dont elle peut être susceptible.

NOTES

SUR LE

SERVICE DES CONTRIBUTIONS DIVERSES

ORIGINE DU SERVICE.

Les organisateurs de la puissance française en Algérie semblent, dans toutes leurs créations, avoir adopté pour principe que l'Etat, ayant tout à faire en Algérie, doit tenir en mains, par des agents relevant directement de l'Autorité supérieure coloniale, tous les éléments nécessaires au fonctionnement de la vie administrative dans ses degrés multiples.

Cette préoccupation se retrouve, au début, dans tous les actes organiques des rouages administratifs ou financiers spéciaux à la Colonie (Administration générale — Préfectures — Trésorerie — Contributions diverses — Topographie, etc., etc.)....

A une époque plus récente, en 1872, ce principe a reçu une nouvelle consécration à l'égard d'un service financier, celui des Contributions directes qui, par son organisation et l'origine de son personnel, est cependant la vivante image de l'Administration métropolitaine, et auquel on a été obligé d'adjoindre, sous le titre de recenseurs d'abord, de répartiteurs ensuite, des Agents coloniaux spécialement employés à l'assiette des impôts arabes.

Enfin, les mécomptes survenus avec l'organisation actuelle des levés généraux, de même que le retour, encore tout récent, à une plus saine appréciation de l'état réel des choses, en ce qui concerne le personnel affecté au service de la propriété indigène, sont de nature à confirmer la valeur du principe rappelé plus haut en démontrant que son abandon partiel a pu tout au moins être prématuré.

Ce fut d'après ce principe, et sous le patronage du Maréchal Bugeaud, que M. Blondel, Inspecteur général des Finances, chargé de la Direction des Finances au Gouvernement général, institua le Service des Contributions diverses et l'érigea en une des cinq Régies financières reconnues par l'ordonnance du 2 janvier 1846.

Les considérations qui amenèrent M. Blondel à prendre ce parti sont faciles à reconnaître.

Il aurait pu tout aussi bien essayer d'implanter dans la colonie le système des perceptions existant dans la Métropole, avec tout l'échafaudage des Recettes des Finances et des Recettes générales. Mais aurait-il trouvé là ce qu'il désirait ?

Ce système, aujourd'hui fortement critiqué en France, est lui-même en voie de transformation. Le recouvrement des impôts directs, dont l'impôt foncier et l'impôt des patentes forment la base, est chose facile et sûre, en raison des gages sur lesquels repose l'impôt ; en sorte que, par la nature même des cotes à percevoir, cette organisation permet à l'Etat de faire traite pour ainsi dire, selon ses besoins, et sans crainte de refus, sur des préposés qui sont en réalité de véritables entrepreneurs de recouvrement.

La situation était-elle la même en Algérie en 1845 ? S'est-elle sensiblement modifiée depuis ?

L'impôt arabe formait à cette époque, comme il forme encore aujourd'hui, la principale ressource des budgets algériens, de l'Etat et des départements ; or, l'impôt arabe, on le sait, offre parmi tous, par sa nature même d'impôt de quotité, les éléments les plus sujets à des fluctuations imprévues que provoquent le climat, les événements calamiteux ou insurrectionnels, aussi bien que des considérations d'un ordre purement politique.

L'Administration, qui avait à accomplir une mission tout à la fois colonisatrice et politique, ne devait donc pas avoir à compter avec un personnel qui pût, à un moment donné, échappant à son action, se retrancher derrière une responsabilité, plus apparente que réelle au fond ; il était nécessaire qu'elle eût à son entière discrétion toute une série d'agents ne relevant que de l'Administration algérienne, indépendants les uns des autres, responsables de leur seule gestion, et se prêtant, par leurs attributions et leur origine, à toutes les combinaisons que devaient susciter des mouvements de fonds incessants entre les budgets de l'Etat, des départements, des communes, sur tout le territoire de la Colonie.

La Régie française des Contributions indirectes offrait, à ce point de vue, des avantages inappréciables. Des Agents en furent détachés en Algérie ; ils conservèrent leurs grades, leur discipline et leur hiérarchie ; pour rendre les Receveurs indépendants les uns des autres, leurs attributions et leur comptabilité furent celles des Receveurs principaux de leur Administration ; aux lieu et place du système des responsabilités partagées et des garanties, qui forment le mécanisme des perceptions des Contributions directes et dont l'application était impossible, on créa un contrôle puissamment organisé, constamment en éveil ; enfin, un Directeur, au chef-lieu de chaque province, dut centraliser les opérations à l'aide d'un personnel de choix, et donner au service, sous la haute direction du Gouvernement général, une impulsion uniforme.

ORGANISATION GÉNÉRALE DU SERVICE.

La détermination prise en cette circonstance par **M.** l'Inspecteur général Blondel, dont la haute compétence n'est pas contestée, ne tarda pas à produire d'heureux effets.

Par leur origine même et les prérogatives inhérentes à leur qualité, les agents des Contributions diverses purent asseoir, surveiller et recouvrer les quelques impôts indirects dont l'état général des richesses publiques autorisait l'introduction en Algérie[1].

Par le choix entendu qui présida à la désignation des Agents, le Gouvernement colonial put leur confier l'assiette de l'impôt direct et des taxes y assimilées, en même temps que le recouvrement de ces mêmes impôts[2]. Cette organisation a fonctionné jusqu'en 1872, année pendant laquelle un décret, daté du 8 mai, a installé le service spécial des Contributions directes en vue notamment de l'établissement du Cadastre. Ce décret a enlevé au service des Contributions diverses l'assiette des impôts directs, et lui a rendu sa véritable et normale affectation de service de perception.

Il était temps, d'ailleurs, que cette réforme eût lieu, car l'Algérie entrait dans une phase nouvelle.

Indépendamment des conséquences politiques que venait d'entraîner la création des circonscriptions cantonales en faisant disparaître les grands commandements indigènes, cette mesure devait amener, en effet, et à bref

(1) Licences, boissons ; licences, tabacs ; vente des poudres à feu ; vente des tabacs de manufactures nationales ; droits de garantie des matières d'or et d'argent. Ordonnance du 31 janvier 1847. Ordonnance du 4 septembre 1844. Décret du 31 mai 1857. Décret du 24 juillet 1857.

(2) Ordonnances des 2 janvier 1846 et 31 janvier 1847.

délai, la substitution des agents du fisc aux chefs collecteurs dans le recouvrement direct des impôts arabes. Tout intermédiaire entre le contribuable et l'Etat se trouvait donc forcément supprimé et le Service des Contributions diverses allait être obligé, non seulement de recouvrer individuellement près de 500,000 cotes d'impôts arabes, mais encore, afin d'assurer le succès complet de l'œuvre entreprise, d'aller quérir ces impôts, de douar en douar, à des distances considérables.

Ce fut au moment, qu'il soit permis de le dire, où la perte des travaux d'assiette semblait devoir diminuer les attributions du service des Contributions diverses, que cette régie, prenant un nouvel essor, donna une des preuves les plus frappantes de sa vitalité comme de la force de son organisme. La voie est tracée, l'expérience faite, et les Agents sont aujourd'hui familiarisés avec la perception des impôts arabes au sein des tribus ; il n'en est pas moins utile de rappeler les efforts considérables que leurs devanciers ont dû faire pour mener à bien une tâche délicate, pleine de fatigues, parfois de dangers, et dont la réalisation était mise en doute par bien des esprits parmi les meilleurs.

D'autre part, grâce à la comptabilité des Receveurs principaux des Contributions indirectes, comptabilité qui fut dévolue à chaque Receveur des Contributions diverses, avec tous les avantages et les ressorts qui la composent, on a pu réaliser tout un ensemble de mesures pratiques et notamment :

1° Recouvrer tous les impôts et taxes au profit de l'Etat, des départements, des communes et établissements de bienfaisance, et cela sans à-coups, simplement et régulièrement ;

2° Rendre possibles entre ces divers budgets, sans déplacement de numéraire, tous les mouvements de fonds qui les relient entre eux et que nécessite l'organisation administrative générale [1];

3° Faire gérer les finances : des communes mixtes et indigènes quel qu'en soit le revenu, des communes de plein exercice d'un revenu inférieur à 50,000 fr., des établissements hospitaliers et de bienfaisance, enfin des syndicats autorisés par la loi du 24 juin 1865 [2];

4° Assurer, partout où n'existe pas de Payeur de la Trésorerie, le paiement des dépenses publiques ;

5° Confier aux Receveurs des Contributions diverses les fonctions de Receveur des Douanes et des Domaines dans les localités où ces Régies n'ont pas de représentants directs.

Telle est l'organisation aussi simplifiée que possible, peu coûteuse, et se prêtant à toutes les éventualités, que l'état de la Colonie, la nature des impôts, les moyens de communication et les ressources dont on disposait ont fait adopter dès l'origine de la conquête.

AVANTAGES DE CETTE ORGANISATION.

Comme on le voit, le service des Contributions diverses est né, dans ces circonstances, de la nature et de la force

---

(1) Ex. : le montant de l'octroi de mer, versé en bloc par la Douane chez le Receveur des Contributions diverses du chef-lieu de chaque département, est servi, vingt-quatre heures après, à toutes les communes appelées à la répartition, dans l'étendue du département, et régulièrement *imputé* dans les *comptes* de *chacune* d'elles.

(2) Le Directeur des Contributions diverses remplit les fonctions de Receveur des Finances à l'égard de toutes les communes et de tous les établissements, y compris les communes de plein exercice d'un revenu supérieur à 50,000 fr. — (Décret du 20 janvier 1858).

même des choses en Algérie. Formé de plusieurs branches de service ressortissant en France à des administrations différentes, et qui, prises isolément ici, n'auraient pas justifié l'institution d'un service spécial pour chacune d'elles, le service des Contributions diverses qui les a fusionnées à lui seul, en a assuré le fonctionnement à peu de frais.

D'autre part, instrument de transition en quelque sorte, ce service a pourvu, grâce à la multiplicité de ses attributions comme à l'élasticité de son organisme, à toutes les exigences administratives et financières résultant de l'état exceptionnel et de travail de transformation du pays. Constamment et partout, l'Administration l'a trouvé, depuis 45 ans, secondant ses efforts et ses vues, imprimant à ses actes et à leur exécution la régularité nécessaire.

Quelque considérable que soit l'œuvre accomplie, elle ne l'est pas au point que le service des Contributions diverses ne puise encore sa raison d'être dans la situation du pays.

Sans parler, en effet, des régions du Sud où les procédés de perception n'ont pas changé depuis l'origine et ne changeront pas très probablement de longtemps, le territoire civil, qui comprend maintenant la masse des populations indigènes, reste toujours soumis, pour la plus grande partie au moins, à un régime d'exception, ou, pour mieux dire, à un régime mixte. Le concours des autorités locales, armées elles-mêmes de pouvoirs disciplinaires, continue à être indispensable au Service des recouvrements qui, à son tour, doit opérer dans des conditions toutes spéciales.

Des centres nombreux ont été installés, des voies de communication ont été ouvertes ; mais personne n'ignore combien, à cet égard, il reste encore de progrès à réaliser ! Si sur certains points du territoire, la distance s'est trouvée rapprochée, n'en existe-t-elle pas moins, avec tous les inconvénients de la première heure, dans d'autres régions où les comptables se trouvent toujours séparés, non-seulement entr'eux, mais encore du bureau central, par des distances considérables ?

Les dotations budgétaires du Service des Contributions diverses se sont accrues en même temps que les effectifs devenaient plus nombreux, et que les cadres recevaient plus d'extension ; mais cette extension elle-même n'était que le corollaire du développement de la richesse imposable. Si l'on établit la proportion entre les perceptions opérées et les dépenses de régie ou d'exploitation, on reconnaît que cette proportion est encore la même qu'au début et que le Service des Contributions diverses continue à bon droit de mériter la qualification de service économique par excellence ?

On ne dira que quelques mots de l'Impôt arabe, au recouvrement duquel le Service des Contributions diverses semble avoir été admirablement approprié. Cet impôt, dont les imperfections ne sont plus à signaler, n'a pu encore être remplacé par un impôt foncier ; c'est qu'en ces matières, en effet, l'évolution, qui consisterait à substituer un impôt de répartition à l'impôt de quotité existant actuellement, pourrait avoir sur nos budgets des conséquences dont il a été impossible jusqu'ici de se rendre un compte bien exact. En l'état actuel, l'indigène paie parce qu'il récolte, que la terre qui a produit lui appartienne ou non ; l'impôt foncier, au contraire, devra chercher un propriétaire qui, souvent, est collectif, si même ses titres ne sont pas contestés !

On voit, par là, quelle énorme étape il reste encore à parcourir pour organiser un impôt territorial reposant sur les mêmes principes qu'en France.

Du reste, qui sait ce que l'avenir tient en réserve ?

L'impôt de répartition est lui-même très vivement critiqué dans la métropole où l'impôt de quotité, qui se rapproche le plus de l'impôt sur le revenu, a des partisans de plus en plus nombreux. C'est cet impôt de quotité que nous avons trouvé tout établi en Algérie, et reposant sur des bases à peu près semblables à celles qu'au siècle dernier une école d'économistes, connus sous l'appellation de Physiocrates, préconisaient comme l'idéal de l'impôt : une Société purement agricole participant aux charges de l'Etat, en raison du rendement du sol.

Comment suppléera-t-on aux ressources que l'impôt arabe nous donne ? par quels moyens lui trouvera-t-on un équivalent, sans charger, outre mesure, l'élément colonisateur qui a besoin d'immunités presque absolues pour se produire, d'abord, pour se développer ensuite ? Ce sont là des questions toujours à l'étude et qui attendront, qu'on ne s'y trompe pas, longtemps encore une solution.

UTILITÉ DE MAINTENIR LE SERVICE.

Dans ces conditions, en présence d'avantages au moins problématiques et sans sortir, en somme, d'un ordre de choses toujours exceptionnel que justifieront, pendant longtemps encore, la nature des Impôts et l'état de la Colonie, serait-il opportun de supprimer le Service des Contributions diverses et de le remplacer par les deux Administrations qu'il représente à lui seul en ce moment, les perceptions des Contributions directes et les Contributions indirectes ? Serait-il politique de retirer ainsi à l'Administration Supérieure en Algérie toute action, toute autorité immédiate sur les agents du recouvrement, de lui enlever un rouage qui l'a puissamment aidée et l'aide

encore dans les circonstances extraordinaires si fréquen-
tes, dans les cas particuliers au pays ?

Tout d'abord, l'institution d'un Service spécial des Contributions indirectes est subordonnée, en Algérie, à l'établissement des taxes de consommation ; les cadres du
personnel nécessaire à l'application de ces nouveaux impôts sont constitués, il est vrai, dans le Service des Contributions diverses qui suffit à assurer l'assiette et le
recouvrement des quelques revenus indirects de la Colonie; l'expérience du passé permet d'affirmer en outre que,
sous la haute et bienveillante impulsion de la Régie continentale des Contributions indirectes, ces cadres offriraient,
à l'occasion, les garanties les plus rassurantes. Mais, la
Colonie est-elle en état de supporter, dès aujourd'hui,
ces nouvelles charges ?

Bien téméraire serait celui qui résoudrait en ce moment
une question aussi délicate, dont l'examen n'est même pas
ébauché et à l'égard de laquelle l'avenir seul peut nous
fixer d'une manière positive.

En second lieu, on ne comprendrait pas l'assimilation
de l'Algérie à la métropole en ce qui concerne le mode de
recouvrement de l'Impôt, si l'on devait s'en tenir à quelques détails d'administration intérieure, à la forme des
écritures comptables ou bien à quelques mutations de
personnel. Le changement de système devrait être complet
et ne pas comporter d'exception.

Or, ce système repose en France sur tout un ensemble
de garanties et de responsabilités pécuniaires que justi-
fient à la fois la nature de l'impôt direct et son recouvrement par douzièmes. Les garanties des gestions se trouvent dans des cautionnements relativement élevés et dans
la fréquence des versements des sommes perçues ; les
comptables supérieurs possèdent le moyen de sauvegar-

der leur responsabilité pécuniaire vis-à-vis de leurs subordonnés, dans le chiffre de ces cautionnements, dans
des vérifications sur place, qu'ils ont à faire par eux-mêmes ou par leur fondé de pouvoirs, enfin, dans l'obligation faite aux percepteurs de présenter, à des périodes
très-rapprochées, leurs écritures à la vérification du
Receveur des finances.

Si ce régime devait être appliqué en Algérie au Service
des recouvrements, pourrait-on, sans fausser entièrement
le système, sans manquer tout à la fois à la logique et
à la justice, songer à amoindrir les garanties sur lesquelles reposent les responsabilités pécuniaires et l'organisation elle-même ?

Le mode d'encaissement des impôts arabes, en exhaus-
sant rapidement les sommes à la disposition des Receveurs, et la nécessité que les distances imposent aux
comptables de conserver une importante partie de ces
sommes, pour satisfaire au paiement des dépenses publiques, suffisent à eux seuls à démontrer combien ce système des responsabilités partagées serait prématuré, combien il serait illusoire, en réalité, s'il venait à prévaloir
sur celui en usage aujourd'hui et qui, fortement organisé
par un contrôle permanent et actif, laisse peser sur chacun les effets d'une responsabilité personnelle.

Il a paru utile, à un autre point de vue, de se rendre
compte des dépenses qu'entraînerait la suppression du
Service des Contributions diverses et son remplacement
par les deux Administrations qu'il représente à lui seul ;
les calculs aussi approximatifs que possible auxquels on
s'est livré, permettent d'affirmer, de la façon la plus cer-
taine, que l'excédent de dépenses en résultant serait dans
la proportion de 1 à 3.

Cet écart s'explique facilement. On se verrait, en effet,

dans l'obligation étroite de maintenir dans bien des localités deux préposés à la fois : le Receveur des Contributions indirectes, dont la présence serait indispensable, même en l'état embryonnaire actuel des impositions indirectes, et le Percepteur des Contributions directes. Ces deux comptables, ainsi juxtaposés, ne concourraient pas au delà de la mission qui se trouve aujourd'hui assurée par un seul. On referait donc, en sens contraire, il est permis de se demander au profit de qui, ce que le Gouvernement de la République a eu le mérite de réaliser, sur une échelle autrement vaste, par la fusion des Postes et des Télégraphes. On irait à l'encontre d'un progrès indiscutable qui se trouve accompli en Algérie depuis longtemps.

Le Service des Contributions diverses a pour lui la suprême raison de bien des choses : il existe. Son organisation, qui paraît répondre à tous les besoins, a pour elle la sanction de l'expérience ; néanmoins, elle nécessite certaines modifications touchant, les unes au fonctionnement même du service, les autres, à la situation respective des agents non comptables et des comptables.

CONSISTANCE ACTUELLE DU SERVICE.

Ce qui fait défaut au Service des Contributions diverses, ce ne sont ni l'esprit d'initiative, ni l'intelligence ou le zèle des agents, ni les procédés réguliers d'une comptabilité bien comprise. Ce qui paraît manquer, c'est la haute impulsion, c'est le haut contrôle fécond en ses résultats. Absorbés par la multiplicité des travaux qui aboutissent au bureau central, les Directeurs ne peuvent plus assurer que difficilement les grandes lignes du service, et certains détails importants ne trouvent pas une place suffisante dans leurs préoccupations.

Comment pourrait-il en être autrement, d'ailleurs ?

En 1848, il existait à peine 20 bureaux dans les trois provinces ; ce chiffre était de 56 en 1862 ; il s'élève aujourd'hui à 108 et atteindra peut-être 110 avant la fin de l'année ou dès le commencement de l'année prochaine.

Le nombre de bureaux a augmenté en même temps que les charges incombant à chacun d'eux et au Service en général, suivaient une progression constante.

En 1845, l'action des Agents des Contributions diverses était limitée au recouvrement des impôts arabes, ou plutôt à leur *encaissement*, car ces impôts étaient versés en bloc par les chefs indigènes ; en 1848, cette action s'étendit à l'assiette et au recouvrement des impôts et revenus directs et indirects ; en 1855, il fut ouvert, par chaque cercle, une comptabilité dite des *centimes additionnels* qui initia les Receveurs aux difficultés et aux responsabilités des gestions communales.

Le décret du 20 janvier 1858, qui organisa les Recettes municipales en Algérie, conféra aux Receveurs des Contributions diverses les fonctions de Receveur municipal dans les communes d'un revenu ordinaire inférieur à 50,000 fr. et institua le Directeur de ce Service, Receveur des finances ou Trésorier général, à l'égard de toutes les gestions communales quels qu'en fussent les revenus. A la suite de l'arrêté organique des communes mixtes et indigènes, en 1868, ces mêmes Receveurs furent chargés de gérer les finances de ces nouvelles unités administratives, sans tenir compte de l'importance des revenus.

En 1875, fut confiée au Service la mission d'opérer le recouvrement de toutes les Recettes départementales, dont une partie seulement lui avait été dévolue jusque-là ; en 1876, ce même Service fut substitué à celui de l'Enregistrement et des Domaines dans le recouvrement des amendes et condamnations pécuniaires.

Enfin, dès l'année 1873, avait été inaugurée la perception individuelle des impôts arabes dans les tribus. Cette mission, comme on l'a vu, a été l'une des plus délicates et des plus laborieuses qui aient été imposées au Service ; au cours de l'année 1882, les quittances, délivrées dans les douars, ont atteint le chiffre énorme de 400,000.

A ces attributions multiples qui constituent ce que l'on peut appeler la tâche normale du Service des Contributions diverses, viennent s'ajouter des missions extraordinaires, spéciales à l'Algérie et qui, exécutées *sans nouveaux frais pour le Trésor*, suffiraient à elles seules pour justifier l'existence de ce service, s'il en avait encore besoin. De ce nombre, sont : le recouvrement des impôts de guerre et le paiement des indemnités aux victimes des insurrections ; le recouvrement des soultes de rachat du séquestre collectif et le paiement des indemnités de dépossession ; le recouvrement et la répartition de toutes les amendes frappées en vertu du principe de la responsabilité collective des tribus (incendies de forêts, mouvements insurrectionnels, etc., etc.), la distribution immédiate de secours accordés pour cause d'événements calamiteux (inondations, grêle, sécheresse, etc., etc.)..., la gestion du fonds de secours, institué par l'arrêté gouvernemental du 5 août 1881, la gestion des Sociétés de prévoyance dans les communes mixtes, etc., etc.

Indépendamment des 108 Receveurs des Contributions diverses, les chefs de Service ont à surveiller et à guider, dans l'accomplissement de leurs travaux, 56 Receveurs spéciaux ; l'action des trois Directions porte actuellement sur la gestion financière de :

197 Communes de plein exercice ;

82 Communes mixtes ;

18 Communes indigènes ;

38 Syndicats ;
28 Bureaux de Bienfaisance ;
15 hôpitaux ou hospices ;
17 groupes de canaux régis administrativement ;
 6 caisses d'épargne ;
 2 monts-de-piété ;
 2 dépôts de mendicité.

Soit en tout 432 Services, sans compter ceux de l'Etat.

Les recettes effectives opérées au compte de l'Etat et des départements se sont élevées, en 1882, à 27 millions.

Les recettes sur les Services spéciaux ont dépassé 28 millions.

UNE DÉCENTRALISATION EST NÉCESSAIRE.

Un Directeur, au chef-lieu de chaque province, ne peut remplir que difficilement sa tâche, quelles que soient ses aptitudes et son activité. Pas un titre de constatation ou de recette n'est émis, pas une pièce de dépense n'est produite, aussi bien pour le Service du Trésor et des départements que pour les Services spéciaux, sans que ces titres ou ces pièces ne soient contrôlés, enregistrés et vérifiés à la Direction ; ce travail, en quelque sorte matériel, peut être à la rigueur abandonné au personnel composant le Bureau central, sans que le Directeur y accorde trop de temps. Mais peut-il en être de même en ce qui concerne la vérification des comptabilités et des comptes de gestion, vérification des plus sérieuses, dans laquelle la responsabilité du Directeur est engagée au premier degré ? Ici, l'attention du Chef de Service se trouve déjà vivement surexcitée et ses moments commencent à devenir précieux. Ce n'est rien, cependant, si on compare ces préoccupations à celles qu'exige une correspondance énorme, conséquence d'une centralisation excessive, et qui s'exerce, non-seulement avec presque toutes les Administrations publiques et les Administrations centrales, mais encore et surtout avec les comptables dont le travail doit être journellement surveillé et dirigé. A ce qui précède, viennent s'ajouter encore la direction des agents du Contrôle extérieur, l'ordonnancement des dépenses du Service, l'impulsion générale à donner aux tournées pour la perception des impôts arabes, les liquidations d'exercice et l'établissement d'une multitude de travaux, statistiques ou autres, la manutention du Service des amendes pécuniaires, l'Administration du personnel commissionné et celle du personnel subalterne, agents de poursuites, chaouchs, gardiens de caisse, etc., etc.

Ecrasés par des détails aussi variés que nombreux, et dont chacun présente une importance très-grande, absorbés par la masse du travail courant, les Directeurs ne peuvent se procurer ce loisir indispensable pour les vues d'ensemble, pour la surveillance générale, et que tout Chef de Service doit s'efforcer de se ménager.

Une décentralisation s'impose.

LES RECETTES PRINCIPALES NE RÉPONDRAIENT PAS AU BUT PROPOSÉ.

Certains esprits, parmi les meilleurs et les plus compétents, ont pensé que cette décentralisation pouvait se faire par l'institution de Receveurs principaux réunissant et s'assimilant, pour chaque arrondissement, les opérations des Receveurs qui leur seraient subordonnés.

L'idée est séduisante, sans doute, et semble bien répondre tout d'abord au but proposé ; il est facile de démontrer cependant que cette innovation, loin de constituer un progrès réel, entraînerait de nouvelles charges pour le budget de l'Etat, si même elle était praticable.

La création des recettes principales enlèverait à l'administration des Contributions diverses cette élasticité d'organisme qu'il possède pour assurer l'exécution régulière et rapide des nombreux services qui lui sont confiés ; à l'heure actuelle, en effet, et comme on l'a vu au début, les attributions de tous les Receveurs sont celles des Receveurs principaux. Quel intérêt y a-t-il à diminuer une telle situation ?

Est-ce au profit d'un meilleur contrôle ? On verra ci-après qu'à ce point de vue une amélioration autrement importante pourrait être facilement obtenue, sans amoindrissement d'attributions.

Est-ce pour mieux garantir les gestions contre des événements imprévus ? Les promoteurs de l'idée reconnaissent eux-mêmes qu'une responsabilité effective ne saurait être appliquée, que même elle deviendrait forcément illusoire, si elle était admise en principe ; cette responsabilité serait donc purement morale.

Où s'arrêterait l'action du comptable subordonné, où commencerait celle du Receveur principal surtout en matière de comptabilité communale ? Il serait bien difficile, sinon impossible de le définir d'une manière précise, et l'on verrait alors combien la théorie s'éloigne de la pratique dans une question aussi délicate que celle des responsabilités.

L'institution des Recettes principales enlèverait au Service des moyens d'action sans profit, n'offrirait aucune garantie nouvelle, et donnerait lieu à des difficultés sans nombre dont on ne peut prévoir la solution. En outre, il faudrait remanier entièrement un système de comptabilité aujourd'hui si simple, si logique, et qui se prête naturellement à toutes les exigences, diviser, en raison de garanties *purement morales*, des responsabilités qui sont effectives à l'heure actuelle et doivent demeurer pleines et entières, créer enfin de nouveaux emplois qui demanderaient des Agents supérieurs éprouvés.

Pour que l'organisation nouvelle répondît aux desiderata de la situation, ces agents supérieurs devraient être investis, indépendamment de leurs fonctions comptables, d'attributions dévolues à la direction du Service et du Personnel : deux ordres de faits qui ne peuvent guère s'allier, et dont on a été contraint de prononcer l'abandon dans la régie continentale des Contributions indirectes après plus de vingt ans d'expérience.

Les cadres actuels de l'inspection devraient, plus que jamais, être maintenus ; les nouveaux emplois à créer entraîneraient une augmentation de dépense annuelle que l'on doit fixer au chiffre *minimum* de 60,000 francs.

NÉCESSITÉ DE CRÉER DES SOUS-DIRECTIONS.

Dans ses rapports avec les différents budgets dont il a charge, le Service des Contributions diverses fonctionne normalement et, on peut le dire sans crainte d'être démenti, de la manière la plus satisfaisante. Le développement toujours croissant de la colonie, l'importance et la multiplicité des affaires qui en sont la conséquence, ont donné à la centralisation seule de ce Service une extension excessive.

Il ne faut pas perdre de vue que c'est uniquement à l'excès de centralisation qu'il faut porter remède, tout en maintenant une organisation que rendent indispensable, d'une part, les distances, cet élément dont on ne saurait trop tenir compte dans l'étude des questions algériennes, et de l'autre, la nature comme la diversité des recouvrements à opérer.

On n'a besoin, pour cela, ni de modifier un système de comptabilité dont une expérience déjà longue a fait ressortir tous les avantages, ni de recourir à des combinaisons illusoires, ni de grever le budget de nouvelles dépenses.

Il suffit d'emprunter à l'Administration continentale des Contributions indirectes, déjà si féconde en ressources, l'un de ses rouages les mieux entendus, et de créer des Sous-Directions dans les mêmes conditions de fonctionnement qu'en France. C'est un pas de plus vers une assimilation judicieuse, ne sortant pas de la compétence exclusive de l'autorité coloniale qui n'aurait à recourir à aucun autre pouvoir pour faire sanctionner l'initiative à prendre en cette circonstance.

L'accroissement de dépenses ne s'élèverait qu'à 8,000 francs, d'après les calculs les plus minutieusement exacts ; grâce à quelques modifications heureuses dans la consistance du service, cette dépense pourrait être supportée par le budget des Contributions diverses, sans qu'il fût nécessaire de solliciter des crédits spéciaux à cet effet.

Au contraire de ce qui aurait lieu dans le cas où l'institution de Recettes principales viendrait à prévaloir, les cadres actuels de l'Inspection disparaîtraient et les Inspecteurs deviendraient, comme en France, des Sous-Directeurs, au grand avantage du Service.

Un contrôle entendu, éclairé, serait rapproché des bureaux de recette desquels on pourrait réclamer un meilleur rendement, grâce à l'impulsion qui serait donnée sur place, pour ainsi dire. Enfin, en ouvrant, sans frais pour le Trésor, de nouveaux débouchés aux agents d'avenir, les Sous-Directions mettraient un terme au malaise qui règne actuellement dans le personnel, et dont il va être parlé.

SITUATION RESPECTIVE DES AGENTS SUPÉRIEURS ET DES COMPTABLES.

Lorsque des gestions financières spéciales, étrangères au service de l'Etat, furent confiées aux Receveurs des Contributions diverses, il parut nécessaire de servir à ceux-ci, en raison de ce surcroît de charges, de travail et de responsabilité, des remises proportionnelles à l'importance de chaque gestion.

Ce principe était de toute justice ; il était conforme à ce qui se passait dans la Métropole à l'égard des Percepteurs-Receveurs municipaux ; toutefois, par suite de la différence existant dans l'organisation administrative, son application devait créer, en Algérie, quelques anomalies nuisibles au bon fonctionnement du Service.

En effet, dans le mécanisme des Trésoreries générales, des Recettes des Finances et des Perceptions, la mission du contrôle sur les opérations des Receveurs subordonnés est dévolue à des Agents, comptables eux-mêmes, qui touchent des remises sur la centralisation des écritures comme sur les mouvements de fonds effectués à leur caisse ; les Comptables supérieurs se trouvent donc indemnisés de la sorte de la responsabilité que toute surveillance fait peser sur celui qui l'exerce.

Il n'en est pas de même dans la Régie des Contributions diverses ; bien que les Agents de Direction et de Contrôle et les agents comptables, les uns et les autres salariés par l'Etat, selon le grade qu'ils occupent dans la hiérarchie, prêtent à l'exécution du Service dans son ensemble un concours indispensable, les comptables seuls touchent des remises sur les opérations des services spéciaux. Cependant, à des degrés différents, les Contrôleurs, les Inspecteurs, les Commis de Direction, le Directeur lui-même, participent tous les jours à la gestion, à la sauvegarde des intérêts communaux. Les remises constituent donc, en réalité, l'*attribution à un seul* de la rémunération d'un service exécuté *avec le concours de tous*.

Ces inégalités de traitement dans un même Service engendrent une situation anormale, suscitent des embarras réels dans les combinaisons de personnel, et n'ont pas laissé de préoccuper vivement les Chefs de Service sans qu'on ait pu cependant trouver une solution qui conciliât tous les intérêts.

C'est qu'en effet, la question est excessivement délicate à résoudre, en raison des difficultés que présente la définition exacte des responsabilités en cause ; d'autre part, si le système des remises soulève de justes critiques quand on compare les situations respectives d'agents concourant tous à l'exécution d'un même service, ce système en lui-même n'en offre pas moins des avantages indiscutables, économiques et consacrés par une expérimentation déjà ancienne ; faut-il y renoncer en s'exposant aux incertitudes du lendemain, ou bien convient-il d'en rechercher simplement les abus pour les faire disparaître là où ils existent ?

Toutes réflexions faites, les embarras de la situation consistent moins dans les positions lucratives faites aux comptables que dans la difficulté, bientôt insurmontable si on n'y porte remède, de recruter les agents devant composer les cadres supérieurs du contrôle, d'y maintenir même ceux qui sont en fonctions.

On chercherait en vain à se le dissimuler, les comptables bénéficieront toujours, en raison des responsabilités

qu'ils encourent, de certains avantages auxquels ne sauraient prétendre les Agents du Service actif. L'expérience
démontre qu'on ne doit jamais exposer la fidélité de ceux
qui sont pourvus de maniements de fonds considérables à
ces épreuves devant lesquelles peuvent succomber parfois
de bons serviteurs lorsque, placés en des points excentriques, livrés à toutes les tristesses de l'isolement, ils se
voient dans l'impossibilité d'obtenir de légitimes compensations, de satisfaire même aux besoins impérieux du
foyer.

Les Agents du Service actif seront donc, quoi qu'il en
soit, dans une situation pécuniaire inférieure à celles de
leurs collègues des Recettes.

Ce fait n'est pas nouveau, d'ailleurs ; il est encore moins
spécial au Service des Contributions diverses ; on en voit
tous les jours l'exemple dans nos grandes régies financières où des employés, appartenant au cadre secondaire,
jouissent d'émoluments plus considérables que ceux qui
sont servis à des agents qu'un caractère mieux trempé,
des aptitudes reconnues, une intelligence plus élevée, incitent à poursuivre leur carrière jusqu'au plus haut degré
de la hiérarchie.

C'est en vain, il semble, que l'on essaierait de réagir
en Algérie contre cet état de choses dont il faut prendre
son parti. Il n'en convient pas moins, cependant, de se
demander si la situation faite aux Agents du Service actif
des Contributions diverses n'est pas relativement trop inférieure, et dans quel sens une équitable amélioration
pourrait être procurée à ceux qui représentent, dans sa manifestation la plus haute, le véritable esprit de corps administratif. En présence des considérations qui précèdent,
il ne paraît pas que cette amélioration puisse être cherchée ailleurs que dans un avancement hiérarchique plus

rapide que celui qui leur est concédé, et dans la création de Sous-Directions dont il a été parlé plus haut.

Les Agents d'avenir trouveraient là, on n'en saurait douter, la confirmation de leur valeur personnelle ; d'un autre côté, l'horizon se trouvant plus ouvert par l'institution des Sous-Directions, on n'aurait plus à déplorer ces faiblesses qui ont amené un grand nombre d'employés intelligents à préférer la carrière lucrative des Recettes à celle du Contrôle dans laquelle leur savoir et leurs aptitudes auraient pu s'exercer d'une façon autrement utile.

RÉFORMES A INTRODUIRE DANS L'ÉTAT DES BUREAUX DE RECETTE.

Quant aux comptables, ils bénéficient sur quelques points, on doit le reconnaître, d'avantages hors de proportion avec le travail ou les services rendus. Il y a lieu, à leur égard, d'apporter quelques réformes, de mettre fin à certains errements auxquels on n'a pris garde jusqu'à présent, et de ramener ainsi chacun à une situation normale.

Le programme à suivre en cette circonstance doit embrasser toute une série de mesures dont la réalisation peut être immédiatement et résolûment entreprise par le Gouvernement général de l'Algérie, armé pour cela de pouvoirs suffisants.

Parmi ces mesures, on citera :

1° La révision du tarif des remises sur certaines opérations et sur certains services ;

2° L'application rigoureuse du principe posé par l'art. 1er du décret du 20 janvier 1858 en ce qui touche la gestion financière des communes ayant des revenus ordinaires atteignant 50,000 fr. ;

3° La limitation aux seuls Receveurs municipaux spéciaux des dispositions contenues à l'art. 5 du décret précité, relativement à la majoration des remises, dispositions qui, par une tolérance abusive contraire à l'esprit comme à la lettre de cet acte législatif, ont été étendues à certains Receveurs des Contributions diverses, faisant fonctions de Receveurs municipaux;

4° L'obligation pour le Service des Contributions diverses de ne gérer les syndicats autorisés qu'après enquête et assentiment de l'Administration supérieure, ainsi que cela se passe en France, à l'égard des Percepteurs-Receveurs municipaux;

5° La révision de la consistance des Bureaux de recette et la répartition plus équitable du travail et des remises, en tant que les exigences du Service le permettront, sur le plus grand nombre possible de receveurs;

6° L'affirmation et l'application étroite, à toute occasion, du principe trop souvent méconnu consistant en ce que les remises sur les gestions spéciales sont attachées au *Bureau de recette*, non à la personne du *Receveur* qui n'a dès lors à s'en prévaloir aucunement comme *situation acquise*;

7° La révision des emplois de commis de recette appartenant à l'Administration, et l'établissement d'un maximum de remises qui, une fois atteint, et sous certaines conditions à déterminer, entraînerait la suppression de tout emploi de cet ordre, pour le plus grand bien du budget de l'Etat.

Réorganisé sur ces bases, le Service des Contributions diverses offrira toutes les garanties possibles d'une bonne gestion des nombreux et très graves intérêts qui lui sont confiés ; ainsi constitué, il ne répondra pas seulement aux exigences du présent ; il pourra encore assumer en toute confiance les charges nouvelles que l'avenir nous prépare.

Soyons fier d'un passé déjà ancien, d'une mission éminemment utile, bien qu'elle s'accomplisse sans faste, dans le labeur ignoré de chaque jour ; profitons des hautes leçons d'attachement professionnel que nous ont laissées les ouvriers de la première heure, et travaillons avec courage et dévouement à la continuation de l'œuvre si intelligemment conçue par l'Inspecteur général des Finances Blondel. C'est une œuvre durable.

Alger, octobre 1883.

Alger. — Typ. P. Fontana et Cie.

9 782013 188500